# MYMRYN h............

Argraffiad cyntaf: 2023

ISBN: 978-1-911584-75-9

Cydnabyddir cerddi sydd wedi cael eu cyhoeddi neu eu darlledu eisoes yn y cydnabyddiaethau.

Cyhoeddwyd gyda chymorth ariannol Cyngor Llyfrau Cymru.

Cyhoeddwyd gan Gyhoeddiadau Barddas.

**www.barddas.cymru**

Gwaith celf y clawr: Steffan Dafydd / Penglog

Argraffwyd gan Y Lolfa, Tal-y-bont

# MYMRYN RHYDDID

GRUFFUDD OWEN

Cyhoeddiadau
barddas

## Diolchiadau

Diolch o galon i Barddas am gyhoeddi'r gyfrol ac i Bethany Celyn am ei gofal a'i gweledigaeth fel golygydd. Diolch i Huw Meirion Edwards am brawfddarllen y broflen. Diolch i'r Talwrn ac i'r Eisteddfod Genedlaethol am symbylu cymaint o gerddi'r gyfrol. Yn olaf, diolch i Gwennan ac i Llŷr am eu holl anogaeth a chefnogaeth ar hyd y blynyddoedd.

# Cynnwys

## Dyma lle 'dan ni...

Mae'r byd wedi newid yn arw ers 2015, blwyddyn cyhoeddi fy nghyfrol gyntaf o gerddi, *Hel llus yn y glaw.*

Ers hynny rydan ni i gyd wedi byw drwy ddryswch blynyddoedd Brexit, Trump a Covid. Rydw inna hefyd wedi dod yn dad, ddwywaith, ac yn 2020, blwyddyn gynta Covid, mi sylweddolon ni fod ein mab hynaf ar y sbectrwm awtistiaeth ac y byddai bywyd yn wahanol i'r hyn roeddan ni wedi ei ragweld. O bair y cymhlethdod hwn y tarddodd y cerddi hyn. Mae'r casgliad hefyd yn cynnwys 'Porth', awdl fuddugol Eisteddfod Genedlaethol Caerdydd, 2018.

Dyma gyfrol am newid, cariad, caethiwed a mymryn rhyddid.

# Mae'n anodd...

Wrth i mi dicio bocsys mewn holiadur BBC
gesh i olwg reit anghynnes ar bwy'n union ydw i.

Dwi'n ddyn gwyn dosbarth canol, canol oed ac (eitha) strêt.
Pan mae'n dod at leisiau amgen, tydw i ddim yn enghraifft grêt.

Ac er esgus 'mod i'n rebel yn canu cân i'r Gymru rydd,
rydw i jyst yn un Gog arall yn hel bloneg yng Nghaerdydd.

Mae popeth o fy mhlaid i, dwi'n drymlwythog dan bob braint;
tasa 'nheidiau yn fy ngweld i 'sa'r craduriaid yn cael haint!

Dwi'n futwr afocado, dwi'n canu mewn sawl côr,
a dwi'n poeni mai fi 'di tarddiad lot o'r plastig sy'n y môr.

Dwi 'di mynd i deimlo'n euog byth a beunydd am bob dim;
fedra i'm hyd 'noed cynganeddu heb fod hynny'n ofid im –

'chos dwi'n rhan o'r batriarchaeth, fel Alan Llwyd a Jim Parc Nest;
ni 'di'r broblem bod cerdd dafod dal yn ratshiwn *sausage-fest*.

Mae'r euogrwydd yn fy llethu, tydi o ddim yn deimlad gwych
gweld dim byd ond braint annheilwng bob un bore yn y drych.

Ers yr holiadur hwnnw, dwi'n gneud dim ond ista'n brudd
yn fy nghadair eisteddfodol yn swbwrbia llwm Caerdydd.

Ac mi ddywedaf wrth fy ngwraig (tra bod honno'n gwagio bin),
"Mae mor anodd bod yn Gymro dosbarth canol, strêt a gwyn."

# Argyfwng y diffyg wylys

*Yn ddiweddar mi ddioddefais greisus hunaniaeth dybryd pan fethais i'n lân â chanfod yr un wylys (aubergine) yn holl archfarchnadoedd Caerdydd.*

Wylys, wylys, fe wylwn
ddagrau prudd oherwydd hwn.
Yn sein o'r oes anwar hon
gwgais ar silffoedd gweigion.
'Fy majic! Fy imoji
awgrymog, godidog i.
Fy mamoth piws, fy maeth pêr;
ti, mor handi, yw 'mhrinder.'
Er ei chwennych, trychineb
oedd Tescos a Waitrose heb
un wylys i'w anwylo.
Yna'n stond, cwestiynais, do:
'Yw f'*aubergine* lythineb
yn iach? Oni fywiwn heb
gyson fewnforio'n farus?
Ai lled fy mhlaned yw 'mlys
sinigaidd?'... ond ces neges...
... mae'n iawn... mae rhai'n M&S.

## Parc Fictoria

Oherwydd y ddamwain hanesyddol
fod fy nghyndeidiau
heb lwyddo i ddiosg eu Cymraeg
a dysgu Susnag yn iawn
dwi'n cael byw yma,
mewn dinas,
yn yfad coffi neis
ac yn gneud fy mara menyn
(a'n hwmws a'n afocado)
ar gefn y Gymraeg.

Am fy mod i'n ddisgynnydd
i weision fferm a oedd yn rhy llywaeth i ddenig i'r môr
dwi'n cael bywyd braf
dafliad carreg o barc dymunol,
nid yn stwffio'r Gymraeg
lawr corn gyddfa neb
(tasa hi ond mor syml â hynny)
ond yn trio procio bywyd
i gorpws hen wareiddiad.

Y goroeswr ffrîcllyd hwnnw
a dasgodd o ddryswch gwaedlyd
yr Hen Ogledd,
ac a roddodd inni heddiw
'Pawenlu Gwil ar union ddaw
i'r adwy yn ddi-ffael'.

Ddylian ni 'rioed fod wedi'i gneud hi mor bell.

Ond dyma ni,
yn gyfieithwyr
a gweision sifil
ac athrawon
a beirdd,
bob un yn trio sgwennu'n ffordd
allan o'r twll 'ma,
mewn talp o dir lle mae 'na goed ceirios
a phlant a hufen iâ
a secs a chocên
(siŵr o fod).

Mae gen i ddigon o bres
ond dim digon o ddychymyg
i wbod be i neud efo fo.
Y dyn sy'n gwisgo'r un siwmper o Asda
bob gaeaf ers dros ddegawd.

Weithia, os nad oes gen i fynadd gneud swpar
dwi'n pwyso botwm
ac mae 'na ddyn bach
yn dŵad ar gefn beic efo bwyd i mi.
(Dwi'n tipio'n hael, ran cydwybod ac euogrwydd.)

Mi ddyliwn i fod yn hapus
efo 'mywyd 'mân-fyddigions-tŷ-teras'.
Ac mi ydw i, am wn i.
Wel, heblaw am yr iselder rhemp
sy'n lledu fel damp hyd waliau'r tŷ,
a'r amheuaeth niwlog hwnnw
y bydd rhaid talu'n ddrud am hyn oll rhyw ddydd.

Ai dim ond cenhadon ydan ni
yn hwrjio'n credoau
ar frodorion y ddinas
gan esgus bod Sali Mali a Mr Urdd
am achub eu plant
cyn boneddigeiddio eu cynefin o'u gafael,
sy'n beth reit anfoneddigaidd, deud gwir.

Weithia, liw nos,
dwi'n hanner disgwyl cnoc ar y drws
ac y bydd rhywun yno'n deud bod 'na goelcerth yn y parc
yn barod ar ein cyfer ni:
Mr Urdd,
Sali Mali
a fi.

# Martin Luther King

Rhyddhau dyn wna'i freuddwyd o – i dynnu'r
      cadwyni a choelio
  mai gwell byd yw'r byd lle bo
  dau elyn yn dal dwylo.

# Glöyn Byw
*(Cassius Clay)*

Gan fod cyffion aflonydd – ei enw'n
      gadwyni cywilydd,
  dyrnai'r hawl i dorri'n rhydd
  i wneud enw'n adenydd.

# Ninian Park Road / Llwybr Elái

*(er cof am feicio i'r gwaith, 2011–2018)*

Wrth dreulio pob gaeaf yn mynd a dod
yn beicio drwy'r t'wllwch ar Ninian Park Road,
y tarmac yn dyllau a phawb yn gweld bai,
cofia, daw'r gwanwyn i Lwybr Elái.

Wrth godi dau fys ar fodurwyr blin
a chroesi Pont Clarence fel tasa hi'n drin,
dy lygaid yn dyfrio a'th goesau fel clai,
cofia, daw'r adar i Lwybr Elái.

Blodau'n y perthi, a llafnau o law,
haul ar dy gefn di, a bygwth a braw.
Maen nhw angen ei gilydd fel llanw a thrai,
fel Ninian Park Road a Llwybr Elái.

## "'Dach chi'n dŵad adra Dolig?"

Yn ddeddfol, pan ddaw'r Dolig
ffown ar ras o'r ddinas ddig;
llenwi'n ceir yn llawn cariad,
'Hwyl yr Ŵyl' a Phringyls rhad.
Y gaeafol wenoliaid
ydan ni yn dod yn haid
i fan hyn, a chawn fwynhau
rowlio yn sŵn carolau
di-niw ein plentyndod ni,
gywion estron y festri.
Rhoi'n babis i'r hen bobol
am bnawn wnawn... a'u dwyn nhw'n ôl.

Ond daw rhyw loes wedi'r wledd:
ein rhynnu wna'r gwirionedd
anferth ein bod ni'n perthyn
lai a llai i ddaear Llŷn...
Ai 'gwell Cymro'n Eifionydd
nag ar y daith i Gaerdydd'?
Wn i ddim. Daliwn i ddod,
debyg, dan faich cydwybod
yma o hyd, bob Dolig, mwn.
Troi am adra... tra medrwn.

## Chwarae Pŵl

Ty'd i'r Penlan Fawr
am hannar awr
i hel y byd yn ôl i'w le.

Chwara pŵl.
Teimlo'n cŵl.
(Er ein bod yn ciwio dros y lle.)

Ond dwi'n ffŵl
i'r hogia pŵl,
y rhai sy'n gwbod be 'di be.

Mi ddaw'r rhain
a'u ciwio cain
i'n sodro ninna yn ein lle.

A'n cynffonna
rhwng ein coesa
'dan ni'n sleifio o'r hen le.

Ddaru ni ddim aros yma
ac mi gollon ni ein hawlia
i fod yn un ohonyn nhwtha:
hogia dre.

# Tân Gwyllt

Dwn i'm pwy sydd ar fai,
ond dydan ni'm yn llosgi Guto Ffowc
ym Morfa Garrag 'im mwy.

Ti'n cofio ninna'n dojo'r ysgol
diwrnod noson tân gwyllt?
O'dd rhaid i ni, doedd?!
Neu 'sa bastads bach Lôn Berch
'di rhoi matshian i'r job lot.

Ti'n cofio dynion cownsil yn clirio'r pentwr un flwyddyn
a'n mama ni'n dod allan o'u tai i flagardio,
"gadwch lonydd iddo fo'r ffernols – ma gan y plant 'ma hawl i'w hwyl!"

O'dd hyd yn oed ein tada ni'n dod o rwla
i lusgo hen fatresi i ganol y gwair.
Doedd 'na'm *health and safety* adag hynny, nag oedd?
Paganiad oeddan ni 'de?!

Ti'n cofio nhw'n llosgi gwely dy chwaer
a hitha'n crio... yn meddwl lle gysgith hi'r noson honno?
Bechod 'de...

Mi o'dd o'n berig, ma siŵr,
ac o'dd wastad rywun yn cymryd petha rhy bell...

Ond weithia, ti jyst angan llosgi rwbath, dwyt?

## Cof Cenedl

*(i ddathlu pen-blwydd y rhaglen* Cofio *yn 10 oed)*

Gawn ni dwrio drwy'r archif
a gloddesta fel pethau hurt ar drugareddau'r hen bobol?
Gawn ni wirioni'n boitsh ar ryw stori ddim byd
ac ailddysgu ymadroddion o'n plentyndod?
Gawn ni alw'r radio'n 'weirlas'?
Gawn ni feddwi ar ffraethineb ein neiniau
a dawn dweud yr hen deidiau
cyn sobri'n sydyn
ar ganol gneud panad
wrth i leisiau'r meirwon
roi cig a gwaed ar esgyrn ein hanes?
Gawn ni anwylo ein 'nialwch
a hidio dim am y llwch
na'r sawl sy'n ein cyhuddo
o fod yn hen ffasiwn fel het?
Gawn ni hiraethu heb gywilydd am lefydd
na welsom erioed? Gawn ni ymdrybaeddu fel moch
yn y storws sydd ym mhob stori,
yn y dweud mawr sy'n y siarad mân?
Gawn ni feddwi ar donfeddi ddoe a gweld y gwir
wrth glywed y geiriau? Dewch, dewch i dwrio drwy'r archif.
Rydan ni wedi dirwesta'n rhy hir
tra'n llowcio sothach pobol eraill.

# 'Shwishwa'
*(Saesneg)*

*"Cymraeg yw fy mamiaith, ond Saesneg yw fy ffrindiaith"*

Mae'r fenga dal yn ddigon ifanc,
'dan ni'n medru siarad Susnag
er mwyn iddo beidio dallt.

*'Does he deserve the cold confection?'*
*'He needs to be taken to his place of slumber.'*

Ac mae hi'n hwyl esgus
bod ein Susnag chwithig
yn rhyw god cyfrinachol
nad oes gobaith ganddo'i gracio.

Ond rydan ni'n gwbod fod hyn
fel pryfocio babi teigar.
Buan iawn y tyfith o a'n byta ni i gyd.

Mi ddysgith o Susnag yn ddigon buan
yn yr ysgol feithrin
lle mae'r plant yn siarad *'one, two, three'*.

Mae plant fy ffrindia
eisoes yn siarad Susnag efo'i gilydd
achos dyna mae'r plant erill yn neud
am fod rhywun 'di priodi boi clên o Fryste
neu am bod rhieni'n difaru colli'u cyfla
ac yn hwrjio'r baich ar ysgwyddau eu plant.

Dydi hyn ddim yn fai ar neb.
Dydw i ddim haws ag ista'n fama
yn fwstashiog foliog flin
yn cwyno fod petha
ddim fel roeddan nhw yn 'yr hen ddyddia'.

Dyma 'di'r gora y medar petha fod.
Does 'na jyst ddim digon ohonan ni
a hen bitsh o bwnc ydi Maths.

Ni 'di'r genhedlaeth ddwyieithog
wedi'n dal rhwng ein hen neiniau uniaith
a'n gorwyrion o Saeson.
Mae rhai o blant fy nghefndryd
wedi cyrraedd y parti'n barod
ac yn paratoi lle i'm disgynyddion inna
wrth y bwrdd.

Mi wnawn ni be fedrwn tra medrwn
a'i charu hi'n racs.
Dyna i gyd.

## Cyhoeddi ffigyrau siaradwyr Cymraeg cyfrifiad 2021

Rhywsut, 'di ddim cweit drosodd; – a hawliwn
    nad yw'r golau'n diffodd
  ar fy iaith, ffeindiwn ryw fodd
  o wenu... ond mae'n anodd.


## Damwain

Damwain yw'r cread yma – a boerwyd
    o bair *supernova*
  i'w dynged, ond plis creda,
  os damwain ti'n ddamwain dda.

## Cywydd Croeso Eisteddfod Genedlaethol Llŷn ac Eifionydd 2023

Er mai hir fu'r ymaros,
ein gwlad wâr sydd am gael dos
o feddwdod eisteddfodol!
Dewch i Lŷn, a dewch â'ch lol!
Cawn gasglu Cymru mewn cae
a'i charu drwy gydchwarae.

Mae 'na gân i'w chorlannu,
a lle i bawb yma lle bu
duwiau gynt yn yfed gwin
lliw awyr y gorllewin.
Creu adra i bob crwydryn
a wna twrw llanw Llŷn.

Dewch i'r heulwen bob enaid
i fwynhau yn iaith fy nhaid.
Iaith fyw all Fflat Huw-Puwio
efo'r ŵyn hyd gaeau'r fro.
Iaith traciau bandiau Maes B
a'r cerrig yn Nhre'r Ceiri.

Os hyll yw 'Cheshire-on-Sea'
i'r ifanc heb gartrefi,
mynnwn hafan haeddiannol
i'r rhai sydd yma ar ôl.
Eu hawl yw gŵyl hirfelyn
a lliw haul ar gaeau Llŷn.

Be 'di dewis Boduan
ond deud bod ynom hen dân
yn ein mêr? Tân a erys

fel meini a llwyni llus
y bryniau; all neb brynu
ein henwau na'r creigiau cry.

Mae Llŷn yn estyn, wastad,
ei braich i'r sawl fyn barhad.
Dewch yn haid, codwch yn hon
weriniaeth pererinion.
Er oeri'r tŷ, procio'r tân
ydi dewis Boduan.

# Tai Mas

"Mae'r crwt yn ffarmwr o'r crud,
a'i fuarth yw ei fywyd."
Mynnent mai un dymuniad
y dyn oedd dilyn ei dad.

Ni welent ef yn 'nelu
bob bore tamp heibio'r tŷ
i'r storom lenwai'r storws,
awr celu'r drin, awr cloi'r drws;

ac wrth agor llifddorau
ei enaid, roedd rhaid sicrhau
nad oedd gan ei fam na'i dad,
yn eu henaint, 'run syniad.

# Gwell na hyn...

Mae'r plant yn dal i adael dros y bryn
gan droi eu cefnau ar bentrefi llaith.
Dwi'n gwybod bod nhw'n haeddu gwell na hyn.

Er gwaethaf addewidion papur gwyn
gan ddynion llwyd y cyfarfodydd maith,
mae'r plant yn dal i adael dros y bryn.

Mae'r glaw yn dal i dywallt fel o lyn
i rydu olion wyneb trist y gwaith.
Dwi'n gwybod bod nhw'n haeddu gwell na hyn.

Mae maglau ddoe yn dal i wasgu'n dynn.
Er gwaethaf saith deg naw a naw deg saith,
mae'r plant yn dal i adael dros y bryn;

neu ddewis aros adra'n syllu'n syn
ar bnawniau hyll sy'n lledu megis craith.
Dwi'n gwybod bod nhw'n haeddu gwell na hyn.

Mae'n fory wedi'i dagu gan hen chwyn
yr hanes ffug sy'n esgus bod yn ffaith.
Mae'r plant yn dal i adael dros y bryn.
Dwi'n gwybod bod nhw'n haeddu gwell na hyn.

# Buddugoliaeth

*Ym mis Mawrth 2023, bu Mark Drakeford yn gweld Llythyr Pennal yn Archifdy Cenedlaethol Ffrainc. Galwodd y llythyr, sy'n cynnwys llofnod Owain Glyndŵr, 'y llythyr pwysicaf yn hanes Cymru'.*

Fe all llythyr gonsurio
fory dewr ei fwriad o.
Â dewiniaeth gwladweinydd
yma rhoed y Gymru rydd
i daeru ei gwladwriaeth
ddydd a ddaw... yr un na ddaeth.

O'r rhyddid nas gwireddwyd,
i'r lle hwn daw Cymro llwyd;
a'i wlad fach am eiliad fer
a'i hudodd â'i hen hyder.
Yn ei fêr mae'r hyn na fu
yn gyforiog o fory.

# 2012

Lansiwyd yr ap Tinder
yn nwy fil ac un deg dau
(shedan rhy hwyr i ni ein dau
ddechreuodd ganlyn cyn i Rhys gael y gader
ond ar ôl i glwb Yoko's gau).

'Sa'r ap 'di arbed lot o drwbwl
i fi, dreuliodd nosweithiau hir yn poeni,
'Sut mae hi'n teimlo?', 'Ddyliwn i fynd amdani?'
Cyn dewis gneud dim byd o gwbwl
a diawlio'n hun, a throi at feddwi.

Meddylia peth mor hawdd 'di sweipio
a ninnau'n dau yn syth yn gwbod
be 'di be, dim ond cyfarfod
heb orfod esgus mynd i ddownsio
a'n hienctid hardd yn bwll diwaelod.

Ond roeddan ni'n rhy hen i Tinder
erbyn dwy fil ac un deg dau.
Er gwell, er gwaeth i ni ein dau,
ddechreuodd ganlyn cyn i Rhys gael y gader
ond ar ôl i glwb Yoko's gau.

# Chdi a fi a'r oriau mân

*Fe ddechreuodd sawl carwriaeth yn yr oriau mân rywle ar hyd strydoedd Aberystwyth, ac mae sawl babi bach na fyddai yma heddiw oni bai am hud yr hen le!*

Tyrd i wastio dy ieuenctid
efo fi mewn tafarn flêr,
tyrd i fentro cyffwrdd dwylo,
tyrd i oedi dan y sêr,
tyrd i ganu rywsut rhywsut
ambell damaid o hen gân,
dim ond chdi a fi sy'n gwrando,
chdi a fi a'r oriau mân.

'Dan ni'n gwylio ein hieuenctid
yn diflannu fesul awr
o dan glytiau a photeli
a dillad babis hyd y llawr,
ond tyrd i ganu rywsut rhywsut
ambell damaid o hen gân,
dim ond ni ein tri sy'n gwrando,
ni ein tri a'r oriau mân.

# Ansoddeiriau

Mae ganddon ni ddwy ffedog yn y gegin.
Un sy'n deud 'Mam arbennig'
ac un arall sydd jyst yn deud 'Dad'.

Mae hynny'n o agos ati.

Rwyt ti'n fam ffocin ysgubol.
Rydw i jyst yn 'standard Dad'.

Mae 'standard Dad' yn golygu
'mod i'n well na'r rhan fwyaf, mae'n siŵr.
Petha digon *half-arsed* ydi tada
tra bo 'mamau arbennig' yn rhad.

Ond chdi, rwyt ti'n fam siwpyrsonic,
yn haeddu'r ansoddair 'arbennig'
tra 'mod i, dwi'n gneud tro,
am wn i.

# Liw nos...

Liw nos, mi glywa i Nain, – oes yn ôl,
a sŵn hallt ei llefain.
Roedd ei byd yn fyd mor fain, heb ddigon
a'i holl ofalon fel cyllell filain.

Liw nos, mi wela i 'Nhaid – yn rhith bach
wrth y bwrdd heb damaid,
a'i lwgu'n llenwi'i lygaid gofidus,
a'u byw truenus yn bwyta'r enaid.

Liw nos ac mae 'nghalon i – yn eu dwyn
nhw'u dau er mwyn profi
nad sail fy mharadwys i mo fy chwys;
wyf ŵr dyledus i fôr o dlodi.

# Arfogi

Mynnais wrth fynd i'r mynydd
dy herio, Dad, dweud drwy'r dydd
mai ofer ydi'r geriach
sy'n sigo, sigo dy sach.
Henwr wyt, heb fawr o frys
â'th arfogaeth ryfygus.
Es fy hun, yn hogyn hy
o dy flaen a diflannu.

Pan oedd gwynt main brain y brig
fel Ionawr o fileinig,
stopio chwerthin 'nes innau.
Ond Dad, arweiniaist ni'n dau
yn ein blaenau gan blannu
gwadnau ar y creigiau cry.
Bwrw hollt. Creu llwybrau iâ.
Hen ŵr, nad ofnai eira.
Yn brifo o ddibrofiad,
hogyn fu'n dilyn ei dad.

# Dwylo John

*(i fy nhad yng nghyfraith; bardd ac amaethwr)*

Er naddu daear â'i winedd duon,
er cario'r haf yn ei gledrau cryfion
a'i blygu a'i nyddu'n gynganeddion,
yn dawel a gwâr mae'r dwylo geirwon
yn neud y job a wnaed i John: – heddiw,
â dwy law arw, mae'n dal ei wyrion.

## Tocyn Tymor

*(yr Eisteddfod Genedlaethol)*

Fy nhocyn yw 'nymuniad – blynyddol
     i waddol gwareiddiad
   gael hoe o hualau gwlad
   a'i dwyieithrwydd dieithriad.


## Gêm

Yn wridog, cydgefnogem, – yn wrol
     wladgarwyr cydsafem
   yn fyddin, ond fe wyddem
   go iawn nad yw hi ond gêm.

## I Jim Parc Nest, Prifardd Cadeiriol Eisteddfod Genedlaethol Llanrwst 2019

Glaw hegar, a'r rhagolygon – yn ddu
    ond fe ddaw bendithion
  rhyw Iolo a'i orwelion
  fel haul dros y Brifwyl hon.

Awen ifanc hynafol – ydi hi
    sy'n deall yn reddfol
  mai darganfod dyfodol
  wnawn o hyd wrth edrych 'nôl.

Jim Parc Nest, Jim orchestol. – Henwr llên
    efo'r llais anfarwol;
  ar ei wedd archdderwyddol
  mae 'na wên. Mae Jim yn ôl.

Jim bia'r hawl i'r Jamborî. – Heddiw
    fe haedda'i glodfori
  am mai trysor yw stori
  ein hen brydydd newydd ni.

## I Llŷr Gwyn, Prifardd Cadeiriol Eisteddfod Genedlaethol Ceredigion 2022

Mae'r heulwen fel marwolaeth – dros y byd
      ers sbel i'r ddynoliaeth
   simsan; ond pa wahaniaeth
   i'r tri sy'n dal ar y traeth?

Dwy eiliad yw'n bodolaeth. – O'n hafau
      rhaid yfed yn helaeth;
   ac er i'r trai lowcio'r traeth
   yma i aros mae hiraeth.

Llŷr Gwyn yw fy nhwyllwr gwych, – hwn yw'r un
      yn yr haul sy'n chwennych
   rhyw un gwydryn ac edrych
   ar draeth cyn consurio drych.

Fy mhrifardd. F'athro barddol. – Y dewin
      sy'n deall yn reddfol
   unigedd telynegol
   y traeth sydd eto ar ôl.

Profa'r awen eleni – nad y gamp
      ond y gân sy'n cyfri,
   y gân sy'n cael ei gweini
   o fwrdd hael fy mhrifardd i.

# Cywydd Croeso Eisteddfod T

*Pan ohiriwyd Eisteddfod yr Urdd 2020 oherwydd COVID-19, cynhaliwyd Eisteddfod T ar-lein.*

I filoedd di-bafiliwn
yn eu tai mae'r dathliad hwn
yn angor. Mae wir angen
Steddfod T i godi gwên.
I hunan-ffilmwyr annwyl
Mistar Urdd mae stôr o hwyl!
Gorau arf yw Steddfod sgrîns
heb wair na ffair na fferins.
Gŵyl ddi-gae, ond gwledd o gân
yn rhith-uno wrth hunan-
ynysu. Cawn rannu'r hwyl
o brofi'r seibr-brifwyl!

Os yw'r alaw mewn cawell,
moria'r gân rhwng muriau'r gell.
Ar wahân ac eto'n rhydd,
down i'n gŵyl gyda'n gilydd.
Mae mwy o werth i chwerthin
cant o blant mewn dyddiau blin.
Mae angen grym eu hangerdd.
Gall llwyfan a chân a cherdd
roi hyder i ni gredu
y daw oes pob cyfnod du
i ben, ac felly 'leni
yn ein tai cawn Steddfod T.

## Haf 2020

Yr wyf o hyd wrth fy nghyfrifiadur
yn marw'n raddol o'm mymryn rhyddid,
yn gwylio'r saga mewn galar segur.

Araf a distaw yw'r haf diystyr
a'i wên ddiofal yn waedd o ofid.
Yr wyf o hyd wrth fy nghyfrifiadur

yn chwilio'n gyson am bluen o gysur.
Ond heno, darnio wna pob cadernid
o wylio'r saga mewn galar segur.

Mae'r un brain di-daw yn baeddu'r awyr;
'run cerddi llugoer yn corddi llygid;
yr wyf o hyd wrth fy nghyfrifiadur,

a'r oriau gwaglaw fel rheg o eglur
yn ditrwm tatrwm hirlwm yn f'erlid
i wylio'r saga mewn galar segur.

Yr un hen fyd, lle rwy'n caru'n fudur
fy mywyd croendew, heb feiddio newid.
Yr wyf o hyd wrth fy nghyfrifiadur
yn gwylio'r saga mewn galar segur.

# Y Lôn Ffocing Goed

Roedd Ebrill yn fwynach y flwyddyn honno
a phobol, ar y cyfan, wedi dechrau mwynhau'r
meudwyo mawr. Y pnawniau hamddenol, y darllan a'r garddio
a'r sylwi smyg ar ogoniant y dail.

Ond rhedag i ffwrdd ddaru ni –

taflu'n bywydau a'n hofnau
a'n todlar a'n babi
i gefn y Ford Focus;
denig, heb allu denig,
am fod sgrechfeydd
y dyflwydd a hanner
wedi'n gadael ni'n greithiau byw.

Diflannodd ei holl eiriau
fel hadau dant y llew
ar y gwynt.

Mi aethom i guddio at fy rhieni
gan dorri'r rheolau
a'n calonnau'n
siwrwd.

Buom yno am fisoedd
yn gobeithio am welliant
heb allu cyfaddef maint ein colled,
heb allu amgyffred
ein methiant mawr.

Roedd hi'n dawel yn Eifionydd
a dim i'w wneud ond gyrru a gyrru
hyd ei lonydd difisitors
nes cyrraedd y Lôn Goed.

Cysgodd y babi
yn y *baby carrier*
dan gysgod y brigau
yn gwbod dim am bandemig
na hagrwch cynnydd
na galar ei rieni am fab
oedd yn fyw.

Fe dreuliom ninnau oriau
yn bugeilio'i frawd mawr
rhag weiran bigog
a dalan poethion
a holl beryglon y byd newydd hwn.

Fe dreuliom ni ddyddiau
yn y tir neb hwnnw, rhwng cae a chae,
lle gwelsom ni ddafad yn erthylu oen
a lle buom ni'n holi
"sut uffar mai hyn ydi'n bywyd ni?"

Mi dreuliom ni'n heneidiau
o dan y canghennau
yn bwydo tameidiau
o fisgedi a 'falau
rhwng hyrddiau o fyllio
a chrio di-ddallt
'y nghariad annwyl,
y cradur bach.

"Y lôn ffocing goed,"
medda Gwen ar ôl sbel.

Mae 'na ran ohonom sy'n dal i fod yno,
ein teulu bach ni, yn aflonydd aflafar,
yn sownd ar lôn anorffenedig
sy'n arwain i unman.

# Mwgwd

Bu hwn ar fy wyneb i – yn rhy hir,
    a dyw'r wên llawn asbri
  ond yno i'th dwyllo di.
  Dan y mwgwd dwi'n mogi.

# Y Locsyn

Mi ddechreuais dyfu locsyn,
o ddiogi'n anad dim,
ac mi ledodd hyd fy ngwynab,
ond nid oedd hynny'n ofid im.

Roedd y locsyn yn gwmpeini –
neu dyna'r stori roddodd o,
bob bora nesh i'm siafio
roedd o'n tyfu'n fwy bob tro.

Mi ymledodd dros fy nghlustia,
o'dd falla 'chydig dros y top,
ond roedd hi braidd yn hwyr i gwyno ac mi dyfodd
yn ddi-stop;

dros fy ngwynab,
dros fy mrecwast,
dros fy nghorpws deugain stôn,
welwn i ddim byd
ond locsyn o sir Fynwy i sir Fôn.

Mi larpiodd o fy nheulu ac mi sglaffiodd fy holl waith
a'm cyfeillion a ddiflannodd dan
ei garped blewog maith.

Mae pawb yn glên ryfeddol
ac yn fodlon gweithio rownd
y locsyn, heb ei grybwyll,
er ei fod o'n dal ni'n sownd.

Dwi'm yn gallu teimlo llawer – 'mond y locsyn
erbyn hyn.
Dwi'm yn bendant
os mai locsyn ydi'r locsyn
erbyn hyn...

# Coleg

*Ar ôl gweld ar Facebook bod ffrind coleg i mi wedi marw drwy hunanladdiad.*

Oedd, mi roedd yr arwyddion
yno, siŵr. Dwi'n cofio sôn
o'r blaen am y rhuo blêr
hyd ei ffrwd; gweld â phryder
brysiog nad oedd yr hogyn
a fu ddim cweit yn fo'i hun.

Rhan o ddoe rŵan oedd o
i raddau... ond mi roedd-o
eto, 'di danfon ataf
un helô, fel gwennol haf
ar grwydyr... rhy hwyr gwrido
'mod i heb ei ateb o.

# Y Twll ar y Traeth

Ar y traeth mae twll
ac yn y twll, rwyt ti
yn tyllu a thyllu
heb allu dod allan.

Nid rhaw ddwy a dima
sydd yn dy ddwylo
ond rhaw dy dad.
Rhaw claddu cyrff.

Ti'n dal i fynd
drwy haenau o hanas
a gweddillion bagia creision
a hen, hen wymon
ac esgyrn sychion
yr hogia gwirion
nath ddianc i'r eigion
a boddi.

O'r golwg
ti'n clywad y môr
yn gneud ei ffordd tua'r twll.

A ti'n torri dy ffordd drwy'r tywod
a'r graean
a'r cerrig mân
nes cyrraedd clai;
y gwaddod sy'n gofyn,
"Be nesa, was?"

Dim ond y gwylanod
welodd y wyrth,
rhwng dau olau
a rhwng dau feddwl
pan fwriaist dy raw
â'th holl nerth i'r clai;
rhoi dy droed lle bu dy law
a dringo, gerfydd dy winadd budron.

Dim ond y gwylanod
welodd chdi yn
rhowlio o'r bedd
nest ti balu
i chdi dy hun.

Daeth y llanw wedyn.

# Galwad

*I Yncyl Bob, brawd fy nhaid, redodd i ffwrdd i'r môr yn 13 oed.*

Yn dair ar ddeg, fe regodd
fyd y fferm, a'i fwd, a ffodd
i fyd aur San Salvador;
dengid drwy godi angor.

Iddo, toc, aeth Bwlchtocyn
yn ddim, ac roedd yntau'n ddyn
aur ei groen a'r ddaear gron
yn fronnog fôr-forynion...

Er hyn, daeth 'nôl yn ei dro.
Hwyrach i Bob synhwyro
twrw'r alwad trwy'r heli
o dir Llŷn all dewi'r lli.

## Bwthyn Nain

Beth i ni 'di bwthyn Nain – erbyn hyn
        ond ryw bnawn yn cywain
    ein galar, a'r lle'n gelain?
    Neb ar ôl ond cŵn a brain.


## Sionyn

*John Eifion Rowlands, brawd Mam. Bu'n gweithio am flynyddoedd yn chwarel*
*Minffordd. Fe'i claddwyd ym mynwent Chwilog, Eifionydd.*

Â'i gyhyrog weithgarwch – fe naddodd
        fynyddoedd â dycnwch;
    ei haeddiant ydi heddwch
    Eifionydd lonydd i'w lwch.

# Y Pethau Bychain

Mi wna i'r holl bethau bychain, dwi'n addo 'leni gwnaf
wirioni ar y blodau aur sy'n datgan y daw'r haf.

Mi wna i'r holl bethau bychain, fel hwylio panad iawn
a hidio befo os 'di'r sgwrs yn para drwy'r prynhawn.

Mi wna i'r holl bethau bychain, cael amser chdi a fi,
a thaenu'n geiriau hyd y bwrdd fel briwsion teisan gri.

Mi wna i'r holl bethau bychain, mi gofia i godi'r ffôn
a chefnogi'r siop fach leol sydd ond i fyny'r lôn.

Mi wna i'r holl bethau bychain, y jobsys diflas lu
fu'n crefu'u gwneud ers misoedd maith ar hyd a lled y tŷ.

Mi wna i'r holl bethau bychain, gwneud safiad dros yr iaith,
a herio pob un celwydd noeth sy'n esgus bod yn ffaith.

Mi wna i'r holl bethau bychain, fel bwydo'r adar to
fu'n hir newynu yn fy ngardd, a phlygu'r papur bro.

Mi wna i'r holl bethau bychain, os ga i hanner awr
o lonydd rhag y pethau hurt sy'n esgus bod nhw'n fawr.

Mi wna i'r holl bethau bychain, mae'n amser newid byd,
i gyd yn enw Dewi Sant... dwi'n addo gwna i... rhyw bryd.

# Yr Anrheg Perffaith

Tydw i ddim yn ŵr gwael,
ond waeth i mi gydnabod ddim;
dwi 'di prynu'r shit rhyfedda i ti dros y blynyddoedd, 'do?
Bag pegs Cymraeg oedd yn deud 'Bag pegs'.
Pajamas Dolig rhy fach.
Sgarffia nad oeddat ti mo'u hangen.
DVDs sydd yn dal i swatio yn eu seloffên ers llynedd
a chlustdlysau nad oeddan nhw, fel y gwyddost,
wir yn dy siwtio... sori.

Rhestr siopa o'm methiannau ydi'r rhain,
tystiolaeth o'm panic munud ola,
a'm harweiniodd fel pererin gwyllt i ysbeilio siopau
yn farus am waredigaeth.
Tystion truenus i'r ofn cynyddol hwnnw
nad ydw i, er gwaetha'r holl flynyddoedd,
yn dy nabod di go iawn.

Ti'n dal i wneud ymdrech i wirioni, chwara teg,
ond mae dy wên gwrtais
wedi mynd, fel fy ngwallt,
yn deneuach bob blwyddyn.

Mi liciwn fedru agor dy ddirgelion
heb ymdrech, fel plicio croen tanjarîn,
a'th gael yn feddal ac yn felys,
ac yn hawdd i'th blesio.

"Paid â thraffarth 'leni, cyw,"
medda chditha dros d'ysgwydd.
"I be'r awn i lenwi'n tŷ efo mwy o drugaredda?"
A dwinna'n cytuno, fel y taeog yr ydw i.

Mi gawn esgus i'n gilydd mai ni sydd gallaf,
am ein bod ni'n rhy ddedwydd
i boetshio efo sothach,
er bod ni'n dau'n gwbod bod 'na rwbath ar goll
fel coedan Dolig sydd â hanner ei goleuadau wedi ffiwsio.

Ond hwyrach y gwna i feiddio
mynd yn groes i dy ddymuniad
a phrynu homar o bresant.
Rwbath 'sat ti fyth wedi dychmygu ei brynu dy hun
ond a fyddai'n ffitio amdanat fel maneg
ac yn profi bod 'na fwy i ni na jyst
cyfleustra a chonfensiwn ac anwyldeb dof.

Efallai, 'leni, 'na i fod yn afradlon
wrth ddatgan fy nghariad yn ogoneddus faterol.
Gallwn fentro popeth ar yr un trugaredd
sydd mor sgleiniog ag aur, mor ddiarth â thus,
mor beryglus drymlwythog â myrr.
Carwn weld, am eiliad, wrth i ti rwygo'r papur,
y rhyfeddod barus yn dy lygaid di.

Rhyfeddod a fyddai'n disgleirio fel sêr
ac yn ein cynnal fel ffydd
drwy amheuon Ionawr
a dadrith Chwefror.

## Dau Fab Penfelyn

Ni ein dau, dim ond dau dad
ifanc yn rhannu'u profiad
yn ddi-hid. Mi gafodd un
foli ei fab penfelyn,
un â geiriau'n blaguro'n
ferw hardd fel blodau'r fro.

Tawel yw'r mab penfelyn
dwi'n ei weld er fod o'n hŷn.
Ei olygon diflagur
a di-iaith fel gaeaf dur
sydd yn dweud, heb ddweud, wrth ddau
nad yw iaith yn dod weithiau.

# Rhestr o bethau dwi 'di blino'u clywad

"Ond ti'n gallu gweld bod o'n dallt bob dim…"

"Mae o'n bownd o siarad rhywbryd…"

"Ella y bydd o'n dda iawn am neud symiau…"

"Fedra i weld yn ei lygaid bod o'n dallt bob dim…"

"Fedri di'm cymharu plant efo'i gilydd…"

"Mi ddaw yn ei amser ei hun…"

"'Dan ni i gyd 'chydig bach yn awtistig."

"Ond mae o'n medru cyfathrebu rhywfaint?"

"Ond rydach *chi* yn ei ddallt o'n iawn?"

"'Mond bod o'n hapus sy'n bwysig 'de?"

"Mae plant i gyd yn gneud twrw."

"'Sa chdi'm yn ei newid o am y byd, na f'sat?"

"Mae o'n berffaith fel mae o, tydi?"

"Ti'm yn garu fo dim llai, nag w't, Gruff…?"

# Y Twll Siâp Duw

Roedd Duw yn rhan o'r dodrefn yn teulu ni.

Nainie ar ei gliniau'n gweddïo bob nos.
Dad yn poenydio'r organ yn Bethel Penrhos,
a finna, yn un o blant yr ysgol Sul,
wedi deud yn saith oed y baswn i'n licio
mynd yn weinidog, i mi gael gneud gyrfa
o yfad te, a chanmol jam,
a sgwrsio efo hen leidis
(sef fy nghryfderau naturiol).

Mae Nainie yn ei bedd ers ugian mlynadd, graduras,
yn sbinio ffwl pelt, siŵr o fod.

Mae Dad yn dal i ganu'r organ
yr un mor herciog,
yn aros i'r blaenoriaid ola farw.

A finna?
Dwi'n dal i lafoerio dros
emyna a phlygain a Beibl William Morgan
a'r holl ganrifoedd o gyboitsh gogoneddus.

Ond dwi'n gwbod 'run fath
bod 'na'm Duw.

Achos... wel... cym on.

Doedd o'm yn benderfyniad
nac yn safiad,
jyst matar o dyfu allan o hen ddillad
neu beidio chwerthin ar jôc
o'dd 'di stopio bod yn ddigri.

Pan ddaeth hi'n amser priodi,
digrefydd, digymun, diweinidog
(a dibwrpas, medda rhai)
oedd y seremoni. Chafodd Duw,
fel fy nghefndryd pell,
ddim gwahoddiad.

Fi fyddai'r cyntaf o'm llinach,
mewn mileniwm a hanner,
i beidio bedyddio'i blant
yn enw Duw Abram.

Felly dyma Duw
(yr un sydd ddim yn bodoli)
yn fy melltithio i'n racs
jyst i brofi pwynt,
fel y twat yn y pyb sydd 'di hen golli'r ddadl;
sy'n hyrddio gwydrau peint
hyd y llawr ar ei ffordd allan.

Achos hen shit di-chwaeth ydi Duw.
Duw sbeitlyd yr Hen Destament
a'r Duw adawodd ei fab
yn noeth ar Golgotha
ar drugaredd pobol fel fi.

Hen fastad o dad ydi Duw.

# Dathlu

Mi wyddai erioed ei fod o'n wahanol,
yn llawer rhy liwgar, a'i dad yn nosweithiol
yn siarsio a bygwth, "Nei di actio fel hogyn?!
Neu waeth iti'r pansan jyst gwisgo bathodyn."

Mi ddysgodd ei wers. Diflannodd i'r rhengoedd.
Ei ddyddiau bach llwyd a drodd yn flynyddoedd.
Blynyddoedd o guddio ac ofni bod rhywun
yn rhywle'n synhwyro beth oedd ei fathodyn.

Ar ddiwedd ei ddyddiau, fe welodd un noson
ŵr ifanc yn cerdded, a thorrodd ei galon.
Mor lliwgar a hapus a thlws oedd yr hogyn,
cyn dlysed â'r enfys oedd ar ei fathodyn.

# Paned

Ar ras i gyrraedd y drws agored
o dŷ'r hen wreigan, dwi'n gwrthod paned;
yn rhoi f'esgus pam na chymra i fisged;
yn rhy ddiofal o sancteiddrwydd yfed
ei hoffrwm, heb amgyffred – poen modryb
na wnes ei hachub o'i phnawn o syched.

# Cweir

Ar ôl pob cweir, mae'n dyrnu'r un geiria,
"Rhaid trio eilwaith: hwn yw'r tro ola",
a dwi'n ei gredu. Mae'n dwyn goriada'n
dyner, dyner i fy hanfod inna.
Yma, heddiw, dwi'n madda – ei gariad
a'i deyrnasiad... ond bydd 'na dro nesa.

# Saer oedd yr Iesu

Saer oedd yr Iesu,
gweithio'n siop oedd ei fam,
ac yn Butlins oedd ei dad o yn yr ha'.

Roedd gan y cradur weithdy
tu ôl i festri capel Salem
a digon symol o'dd 'i waith o, os cofia i'n iawn.

Mae'r gweithdy yno o hyd
ac yn llawn o blydi geriach
er ei fod o, fel y capel, 'di hen gau.

Mi farwodd gaea llynedd,
ar ôl noson yn y Meitar
yn yfad shandi yn y gongol ar ben ei hun.

Mi gath hartan ar y pafin,
a fanna roedd o bora wedyn
wedi marw rhwng giât ffrynt a drws y tŷ.

Mi welodd Mam yn *Daily Post*
mai ym Mangor oedd y cnebrwng.
Angladd breifat. Dim emyna, ac mae sôn

fod o'n filionêr, a fynta
wedi byw ar ddim drwy'i ddyddia,
a bod y pres 'di mynd at gefndar draw yn Stoke.

Pan o'n ni'n blant, dwi'n hannar cofio
gweld y tylla yn ei ddwylo
pan fyddai'n cynnig fferins o'i ofarôls.

Y tro dwytha nesh i weld o
roedd o'n hercian lawr Stryd Llygod.
Dwi'm yn meddwl nath o nabod fi, deud gwir.

Roedd ei groen o'n llac ac yn felyn,
ac ogla piso yn ei ddilyn
a na, nesh inna'm traffarth deud helô.

Saer oedd yr Iesu.
Dim bod otsh am hynny bellach.
Hen beth rad oedd ei arch o, glywish i.

# Hoelan Arall

Roedd ganddo fo Gymraeg William Morgan, jyst mwy Cymreig.
Roedd o'n un hael ei wên a chrintachlyd ei wg;
mi gododd o filoedd at achosion da, chwara teg,
ac unwaith, mi welish i o'n rhoi cic i ben-ôl hogyn drwg.

Roedd o'n cerddad i bob man, a 'mond yn darllan sol-ffa.
Roedd o 'di anghofio mwy nag y dysga i fyth.
Pan farwodd o mi ddudodd 'na rywun yn syth,
"Ia... roedd o'n berig bywyd, sti, efo genod bach."

Roedd o'n ddiawledig o hen ond roedd pawb dal yn drist.
"Un arall 'di mynd, un o hoelion wyth Crist."
Ond mae'n rhaid bod 'na bobol yn y fynwent yn dallt
bod 'na lot mwy na sant dan gaead y gist.

Mae o 'di mynd ers degawda, a fuo'r lle fyth 'run fath,
achos "Roedd o'n berig bywyd, sti, efo genod bach."

# Boris

Boris glown, 'rhen Boris glên,
ein bras lew, Boris lawen.
Ei syrcas o deyrnasiad
yw'r un wnaiff ddadglymu'n gwlad.
Boris fflash, Boris â'i ffling,
Boris nad ydi o'n boring.

Iawn boi... ond be bynnag bôt
mi wn nad clown mohonot.
Direidus actor ydwyt,
gogoneddus esgus wyt
yn rhoi masg. Ti'n chwarae mig,
Boris, am bo' chdi'n berig.

## Roe v. Wade 2022

Mae genod trwy orfodaeth – yn esgor
        dan gysgod barnwriaeth,
    am eu cyrff yn rhwymau caeth
    mae hualau mamolaeth.


## Parsel
*(ar ward mamolaeth)*

Yn fy nghôl mae fy ngolud, – yn fy nghôl
        mae fy ngalar hefyd;
    parsel na chaf ddychwelyd
    yw'r horwth bach gwerth y byd.

# Teyrnged

*Mae oddeutu chwarter o famau yn colli babanod yn ystod deuddeg wythnos*
*gyntaf eu beichiogrwydd.*

Am gyfnod tyfodd blodyn...
... yna'r gwaed ar bapur gwyn
y tŷ bach, eto, bechod.
'Na fo, doedd hi ddim i fod.
Rhoddwyd i fam freuddwyd fach
na all freuddwydio bellach.
O raid, aiff bore wedyn
yn ôl i'r gwaith. Colur gwyn,
sgwrsio, printio, trafod pris,
e-byst... a lluniau babis
hilêriys pobol erill.

Ar y ffôn, nid yw'n sôn sill
am golled anweledig
na chur mawr sy'n chwarae mig.
Yn ei hing mae'n gwenu'n iach.
Ni ranna mo'i chyfrinach
na'i enwi, ei anhynod
wreiddyn bach... ond roedd o'n bod.

## *Pietà* – **Michelangelo**
*(Y Fatican – 2016)*

Tu ôl i gondom gwarchodol y persbecs
eistedda'r wyryf
â chorff ei mab yn ei chôl.
Mewn eglwys a dinas sy'n drewi o gelfyddyd
hon yw seren y sioe.
Down yn ein miloedd i wirioni ar dangnefedd y marmor;
y graig a wnaethpwyd yn gnawd
gan glyfrwch dwylo dyn.
Ymhyfrydwn ym mhlygiadau ei dillad
a chynildeb ei hing
a diwinyddiaeth awgrymog y dweud.
Gydag un llaw, gafaela'n dynn yn ei mab
tra bo'r llall yn ei offrymu i'r byd
a'i hwyneb yn lân a dihalog.
*Sancta Maria.*
Ceisiwn dynnu llun,
ond ni all hwnnw wneud cyfiawnder â hi,
felly ymlusgwn tua'r loddest nesaf
a gadael i'r forwyn ddioddef yn weddus.
Ond nid marmor mo cnawd.
Byddai'r Fair go iawn yn hŷn
ac yn hyll fel galar
a'i dwylo'n duo
wrth iddi bawennu'r swp gwaedlyd
a fagodd ar ei bron.
Byddai'r un a suddodd i'w gliniau ar Golgotha
yn udo fel bleiddast
ac yn dwrdio'i mab am dynnu pobol i'w ben.
Byddai hi, mam yr holl famau,
yn poeri rhegfeydd at y Duw a'i treisiodd
ac a gymerodd ei mab cyn pryd.

Byddai hi, y cnawd a wnaethpwyd yn graig,
yn chwalu'r persbecs
ac am waed pob un ohonom
sy'n ymdrybaeddu yn yr aberth
ac sy'n awchu'n farus am waed
ei hogyn hi.

## Canolfan y Crynwyr, Caerdydd

Ydi Duw yn byw a bod? Nadi siŵr.
    Dim ond sioe 'di darfod
  ydi Duw. Ond mae rhai'n dod
  yma i dendio mudandod.


## Gwaredwr

Â gwên ffyddiog anffyddiwr, – o ddewis
    ces ddiosg fy mhrynwr;
  ond gwn na all enaid gŵr
  dy waredu, Waredwr.

# Emyn

Wrth fedd estynnaf weddi...
... nid yw Duw'n fy nghlywed i.
A'i wybren fel cynhebrwng
mae'r tir wedi rhewi rhwng
angau a llithro'n angof
a chwithdod y ddefod ddof.

Daeth, er hyn, ei emyn o
a'i holl hiraeth i'm llorio.
A Duw ddoe'n un gawod ddu
gariadus, cefais gredu
bod Duw'n medru achub dyn
â'i waed... mi basiodd wedyn.

# Un o Blant y Blaidd

Be ddoth ohonyn nhw?
Dy frodyr a'th chwiorydd maeth ar hyd y cenedlaethau?
Seilam, berig.
Wyrcws, cyn hynny.
Bywydau ofnadwy i gyd.


Dwi'n eu gweld nhw rŵan,
y plant sgrechlyd nad oedd modd eu dofi,
'mond eu curo, a'u cloi
mewn cwt yng ngwaelod 'rar
a'u llwgu...


... ac mi gafodd amball un
eu llusgo o'u gwlâu ganol nos
a'u tywys i'r goedwig
lle mae'r bwystfilod gwaetha yn byw.


Dwi'n eu gweld, hwythau'r rhieni,
yn cario eu plant am y tro olaf
ac yn arogli eu gwallt wrth eu cludo
dros fynyddoedd a thrwy afonydd
rhag ofn iddyn nhw ffeindio'u ffordd 'nôl.


A dwi'n eu clŵad nhw'n gollwng
eu beichiau ar lawr
a dwi'n clŵad yr udo
wrth iddynt redeg i ffwrdd
... wel roedd 'na gegau bach eraill i'w bwydo, siŵr iawn.

Ac ymhen 'chydig ddyddia,
pan fyddai'r craduriaid
yn crwydro i'r pentra 'gosa,
yn fain ac yn fudr
ac yn chwedl ar blât
... roedd y stori 'wedi eu magu gan fleiddiaid'
yn haws i'w chredu na'r gwirionedd creulon.

Does wybod beth oedd yn digwydd
i'r plant wedi hynny
... dim byd da, beryg iawn.

Does 'na'm bleiddiaid ym Mharc Fictoria...
ond pan ti'n dynesu ataf
ar flaenau dy draed,
dy lygaid gleision arnaf am ennyd
cyn troi i ffwrdd,
dy gyfrinachau'n saff
yn fforestydd yr enaid,
dwi'n dyst i ryfeddod.

Fy mab hardd,
a dychrynllyd,
a diarth.

Fy mlaidd.

# Cyfalafiaeth yr Hwyr

Pan mae'r bychan yn deffro am un yn bora
a finna'n gwbod nad eith o'n ôl i gysgu
dwi'n diolch i Dduw

am Starbucks *drive thru*
sy'n 'gorad drwy'r nos,
ac am oleuni'r McDonald's
sy'n gweini achubiaeth
i eneidiau colledig y bora bach.

A dwi'n estyn tameidia
o *hash browns* iddo fynta
wrth feddwl pwy arall
sy'n trio byw ar betrol
a choffi a chroissants
a theirawr o gwsg.

Ac ar ôl i ni gylchu
y ddinas ryw deirgwaith
'dan ni'n 'nelu am adra,
heibio'r stadau newydd
sydd braidd yn ddienaid,
ond yn gneud y joban,
fel coffi Starbucks,
achos mae pawb isio byw.

Nid hon oedd yr achubiaeth y baswn i wedi ei dewis
ond mi lowcia i hi bob tamad 'run fath
efo *chocolate twist*
ac *oat milk flat white* a chaneuon Cyw ar CD iddo fynta.

Geith o *caramel waffle* (sydd ddim yn gneud gormod o lanast)

ac mi wyliwn ni'r awyr yn goleuo dros ein dinas ni,

yn hardd ac yn hegar

fel siwgr gwyn.

# Hwiangerdd (Mehefin 2017)

*(i'r mab yn y groth ar noson stormus)*

Hidia di befo'r hen storom, er ei bod hi'n fygwth i gyd,
cei ddigon o ddyrnu a chicio pan fentri di allan i'r byd.

Hidia di befo'r hen storom, 'na i esgus nad ydw i ofn,
er bod crafangau bwystfilod yn rheibio fy nghalon ddofn.

Hidia di befo'r hen storom, mi swatiwn i'n gilydd ein tri,
er 'mod i'n amau y doi di i edliw'n pechodau ni.

Hidia di befo'r hen storom, mi wn dy fod eisoes yn gaeth
i'r llwyni llus a llygaid llaith,
a gwaed Crist fel cysgod craith
ar ryw hen hŵr o hanner iaith
a'th frawd am ddwyn dy siaced fraith
gan hwrjio siwt ac oes o waith
ac yn y man yr huno maith
ac y daw i'th ran cyn diwedd y daith stormydd llawer gwaeth.

Ond hidia di befo'r hen storom, hidia di befo nhw i gyd.

# Yr Ail-anedig

Dwi 'di gweld yr olygfa yma o'r blaen, yn do?
Chdi a fi yn ista ar fainc
yn sglaffio hufan iâ,
dy goesau'n stremps o eli haul;
dy lygaid dyflwydd yn llarpio'r parc.

Mae hi'n teimlo fel golygfa gynta ffilm
cyn i rwbath ofnadwy ddigwydd,
neu efallai'r olygfa ola
ar ôl i bob dim ddod i drefn.

Neu hwyrach ei bod hi'n olygfa
gath ei thorri allan o ganol y ffilm
am nad oedd hi'n ddigon pwysig.

Be 'di tad a mab a hufan iâ
ac eli haul a mainc yn y parc?
Tydi'r byd 'di'i weld o ganwaith o'r blaen?

Do. Diolch byth am hynny.
Diolch byth am bob eiliad fel hon.

# Addewid

Ni wnawn ei gyrraedd ond gwnawn ein gorau
i beidio poeni, er bod y pynnau
yn drymach bellach, y lôn yn byllau
o dan ein traed a gwaed yn ein sgidiau;
mi ddown i ben, rhwng gwenau a chrio:
a ninnau'n blino, awn yn ei blaenau.

# Porth

*'Llenwa fi â sothach lliwgar o America, cyfog melys at fy mhoena.'* Yr Ods

*'Mae'r byd lawr y lôn, ond mae'r teledu'n y gwely.'* Cowbois Rhos Botwnnog


Bu'n noson 'Be wna i nesa?'
arall, o deimlo'r oria
hirion yn pydru'n ara.

Y flwyddyn yn chwalu'n chwim
yn ddarnau dyddiau diddim.
Heno dwi'n damio gneud dim.

O g'wilydd af i'r gwely
ac esgus mynd i gysgu
am ryw sbel, cyn anelu

eto i ffeindio fy ffôn.
Hwn yw 'nghyffur, a 'nghyffion,
rheolwr fy ngorwelion

a throthwy fy mhorth rhithiol.
O gwffio cwsg ga i *fuck all*
ond y gwacter arferol.

Tsiecio Twitter ran 'myrrath
a wnaf o hyd, mewn rhyw fath
o obaith deimla i rwbath.

\*\*\*\*

Fe af a dilyn y llif diwaelod:
olion bod Garmon 'di tancio gormod
(bu'r yfwr neithiwr yn tynnu nythod
cacwn i'w ben), ac yna cawn bennod
o waldio Dafydd-Êldod – a ffrae iaith.
Un tsiaen hirfaith o'n bitshio anorfod.

Dwi ynghlwm i batrwm, dwi'n rhy betrus
i aildrydar rhyw sylw direidus.
Dwi isio harthio, "mae'r peth yn warthus"
ond rwyf yn berchen i'r hen drefn barchus.
Mae'n crap a dwi'm yn hapus – cowtowio,
eto ymguddio wna 'marn gyhoeddus.

Yn nyddiau'r ffrwd newyddion – a'i derfysg
    diderfyn mae'r galon
  yn ceisio teimlo pob ton
  o hiraeth am y meirwon.

Y meirwon sy'n ymaros – yn selog
    am sylw i'w hachos...
... ond ffics o Netflix dry'r nos
  o ddioddef yn ddiddos.

Be wnei-di? Pan fo hen benodau – *Friends*
    fel hen ffrind sy'n maddau
  dy wagedd a'th ffaeleddau?
  Mae'n haws jyst dewis mwynhau

'rhen sothach, llowcio'r cachu – poblogaidd
    siwgwraidd, ysgaru
  â dy boen, a dibynnu
  ar Phoebe a'r cwmni cu.

         \*\*\*\*

Mi a' i ar YouTube, a Chymru eto
yn ei hwyliau, mi af i ailwylio'r
haf roddodd hyder i wŷr freuddwydio.
Gwelaf Hal Robson yn sefyll yno
a dau ohonynt yn cau amdano
eisoes, rhaid iddo geisio – ei gwared...
Allen yn 'gored!... ond Hal yn gwyro...

Troi a dangos mai meistr ei dynged
yw Hal, daeargi sy'n gweld ei darged.
Symudiad slic, mae'i fys ar y gliced!
Troelli ar echel a'r bêl fel bwled!
Mae pawb mewn sioc! Mae'n saethu fel roced
i orbit... does mo'i harbed! – Braint dynion
hyderus, gwirion, yw drws agored.

Oedaf... ailwyliaf bob eiliad – yn fud
    nes daw fideo'r dathliad
  i stop, a chaf gip ar stad
  erchyll fy adlewyrchiad.

        ****

Dwi'n dod i nabod yr un wynebau
a'u hystôr dibwys o ystrydebau.
Yr wylo galar, y brolio gwyliau,
lliaws y clinig arllwys calonnau.
Lluniau priodas a lluniau prydau
a chŵn dawnus a'u heintus dalentau.
Yna, ymhlith y gwenau – dwi'n fferru:
yno'n nythu mae ei henw hithau.

*Yn unig, rhythaf heno – ar wyneb*
*yr un wnaeth fy herio*
*mor annwyl i ddal dwylo*
*ar draeth gyda hi ryw dro.*

Tapio'r sgrin, gweld hi'n mwynhau
*hen-dos* a phartis ffrindiau
a ballu, ac ma'i bellach
'di pr'odi a babi bach
ar ei ffordd. Tŷ cyfforddus.
Sweipio'i rhawd rhwng bawd a bys.

*Yr hogan fedrai regi – yn lliwgar*
*a'i llygaid hi'n llosgi'n*
*wynias fel 'taen nhw'n honni*
*na byddai haf hebddi hi.*

Gwn mai hi oedd hi o hyd.
'Run afiaith, 'run wên hefyd
â'r ferch y bûm wrth erchwyn
hardd a hy ei gwely gwyn
un waith flynyddoedd yn ôl.
Hi, ffenest fy ngorffennol.

*Haul isel, tywod melyn, – ninnau'n hel*
*rhyw hen 'nialwch wedyn*
*i'w losgi, gwylio esgyn*
*y lloer uwch traethau Pen Llŷn.*

Ond un ochor i'r stori
yw'r wên braf, fe welaf i
arlliw o friw, rhyw hen frad
yn ei gwedd. Hen gyhuddiad.
Heno gadawai'r lluniau
ryw flas cas fel drws yn cau.

*Pe medrwn, dewiswn gasglu'n dusw*
*yr holl hanes, y tywod a'r llanw,*
*y machlud isel a'r lleuad welw,*
*hel y cerrig a'r poteli cwrw*
*a holl felyster chwerw ei choflaid*
*a'r haid gwenoliaid a'u llosgi'n ulw.*

\*\*\*\*

Rhuthro i'r bỳs-stop, jyst wrth i'r bastad
yrru i ffwr'. Mae'r boi'n ymgorfforiad
o lymder Himmler. Digydymdeimlad
yw'r un anwesa lyw ei deyrnasiad.
Arhosaf fel pen dafad – a sefyll...
neis; mae'n dywyll a'r nesa'm yn dŵad

am hanner awr a minnau ar oeri
bron iawn trwodd a'm sgidiau 'di boddi.
Mae 'na hen dwat sy'n mynnu ei deud hi
i hogan druan a'r ddau yn drewi
o ddiod ac o dlodi – hen griw sâl
yn un cowdal yn barod i'n codi.

Dwyn Wi-Fi. Bodio'n iPhone. – Hwnnw'n dweud
nad oes negeseuon
yn f'aros, felly noson – i hogyn
gael gwagio'i ofidion
i dishws a PhlayStation. Dyna ni.
Nos o ddiogi sy'n haws o ddigon.

Sganio'r bỳs am sedd ynysig, – eistedd
a 'nghlustiau'n llawn miwsig.
Dwi'n un o'r dynion unig – dienw

sy'n dannod y traffig,
yn ddyn neis pur ddinesig, – mor ffocing
boring nes 'mod i bron yn berig.

****

Bore Brexit a'r byd ar ei shitiaf,
ro'n i ar y lôn wirion o araf
yn rhedeg i Baris, ar fy isaf,
yn hir gwyno a'r bunt ar ei gwannaf,
a meddwn, "*Fuck it*, meddwaf! – Af ar ôl
rhyw fyd rhithiol drwy yfed i'r eithaf!"

Dilyn ein gilydd hyd y lôn gelain,
Cymru 'di ennill! Cymryd i'n hunain
y lle dawnsio, a chanu'n lled unsain.
Byw heb amgyffred drwy ddiasbedain
bar hwyr y daw bore'r brain – a chrechwen
Aberhenfelen i'n sobri'n filain.

Aberhenfelen a'i boer yn filain.
Ein lluniau crap drwy WhatsApp yn atsain
y criw o *nob-heads* fel côr yn ubain.
Sborion dynion wnaeth ffyliaid o'u hunain.
Wŷr pitw'n ffeirio putain – o ddinas
am wely priodas mamol Prydain.

Ym mhair y bys, gwelaf Gymru'r biswail:
dyn yn gosod y *Sun* dan ei gesail.
Hen hogia na welant hwnt i'w bogail
yw hogia 'Joe Allen yw fy mugail'.
Ar awr hesb, chwiliaf drwy'r ysbail – diffaith
am em o obaith rhywle o'r *mobile*.

Dwi'n teimlo'n estron. Mae anonestrwydd
'di tagu fory, ac anghyfarwydd
yw fy ngwlad afrad o Gymry afrwydd.
Ond y dagrau sy'n dod o euogrwydd.
O 'styried fy nistawrwydd – gwn mai fi
o ddiogi adawodd hyn ddigwydd.

\*\*\*\*

Rhwng sweip a sweip gwelais hi
ar Tinder. Merch reit handi.
Mae'n ddel-ish... be ma'i isio?
Ti yw'r un, 'ta wnei di'r tro?
Cariad, 'ta dic-pic arall?
Dyna ddaw o fodio'n ddall.

Oriau dwl o siarad wast
a'r sgrin yn llenwi'n llanast.
Blinaf, a gofynnaf i
gael ei chwarfod... mae'n codi
ei bawd! Teimlo'n rêl *bad-ass*
reit siŵr! Oed gŵr, ond greddf gwas.
Sgwario yn gyffro i gyd,
brenin y byw i'r ennyd.

Yn y diwedd, rhyfeddol
o lwyd fu'r nwyd, jyst mynd 'nôl
i'w lle hi, un o'r lliaws
wna'r tro y daw ar eu traws.
Dau hyllach heb eu dillad,
dau sy'n tristáu at eu stad.

Ond dau sy'n danbaid o hyd
er hynny mai rhyw ennyd
o bleser, waeth mor chwerw,

yw'r moddion aur... meddan nhw.
Fel lleidar, dwi'm yn aros –
rasio wnaf trwy ddrws y nos.

\*\*\*\*

*Cracia'r palmant dan lifeiriant*
*byw o drachwant pob edrychiad.*

*Minnau'r taeog lenwa'n wridog*
*noson serog â sŵn siarad.*

*Gafael dwylo, hithau heno*
*eisiau curo drysau cariad.*

*Ninnau'n ildio, dechrau mwytho,*
*hawdd yw brifo dau ddibrofiad.*

*Fy nhelyneg ddwy ar bymtheg.*
*Deuai chwaneg gyda'i chennad.*

*Diwedd noson, stafell dirion,*
*i was gwirion rhoes ei goriad.*

*O dan glydwch, diogelwch*
*haen o d'wyllwch tynna'i dillad.*

*Wedi'n swyno safaf yno*
*a'i hir wylio... aeth yr eiliad.*

*Methais. Ildiais i'r swildod*
*yn ara bach, ac er bod*
*croen angen croen, caewyd crys*
*yn drwsgl, gwnaed rhyw esgus*
*i 'madael er fy mod-i*
*yn brifo o'i hisio hi.*

****

Heddiw, wrth im orweddian
yn y t'wllwch, tu allan
herio Mawrth wna'r eira mân.

Yn ysgafn ac annisgwyl
o dyner daeth cnwd annwyl
i wneud gwaith yn ddiwrnod gŵyl.

Troi'r ffôn wnaf tua'r ffenest.
Ni lwydda i ddal y loddest
o wyn os ydw-i'n onest.

Wedyn, wrth ei bocedu
mor ddiofal, mae'n chwalu
yn filiynau darnau du.

Methu derbyn am funud.
Eistedd, a gwrando'n astud...
... trydar wna'r adar o hyd.

Drwy'r eira tew, adar to
bach styfnig sydd yn pigo
o reidrwydd, dal i frwydro.

Mae'n oer. Mi aiff hi'n oerach
yn sicr, a phwysicach
'di rhoi bwyd i'r adar bach.

Dôr yn agor i'r egwan.
Byd oer, ac er bod eira'n
dallu, dwi'n cerdded allan.

# Cydnabyddiaethau

'Addewid' – *Y Talwrn*, BBC Radio Cymru.

'Arfogi' – *Dad: Cerddi gan Dadau, Cerddi am Dadau*, gol. Rhys Iorwerth (Cyhoeddiadau Barddas, 2021).

'Argyfwng y diffyg wylys' – *Y Talwrn*, BBC Radio Cymru.

'Boris' – *Y Talwrn*, BBC Radio Cymru.

'Buddugoliaeth' – *Y Talwrn*, BBC Radio Cymru.

'Bwthyn Nain' – *Y Talwrn*, BBC Radio Cymru.

'Canolfan y Crynwyr, Caerdydd' – *Y Talwrn*, BBC Radio Cymru.

'Cof Cenedl' – *Cofio*, BBC Radio Cymru.

'Coleg' – *Y Talwrn*, BBC Radio Cymru.

'Cweir' – *Y Talwrn*, BBC Radio Cymru.

'Cyhoeddi ffigyrau siaradwyr Cymraeg cyfrifiad 2021' – *Y Talwrn*, BBC Radio Cymru.

'Cywydd Croeso Eisteddfod Genedlaethol Llŷn ac Eifionydd 2023' – *Rhestr Testunau Eisteddfod Llŷn ac Eifionydd 2023*.

'"'Dach chi'n dŵad adra Dolig?"' – *Y Ffynnon*, rhifyn Rhagfyr 2018.

'Damwain' – *Y Talwrn*, BBC Radio Cymru.

'Dau Fab Penfelyn' – *Y Talwrn*, BBC Radio Cymru.

'Emyn' – *Y Talwrn*, BBC Radio Cymru.

'Galwad' – *Y Talwrn*, BBC Radio Cymru.

'Glöyn Byw' – *Y Talwrn*, BBC Radio Cymru.

'Gwaredwr' – *Y Talwrn*, BBC Radio Cymru.

'Haf 2020' – *Cyfansoddiadau a Beirniadaethau Eisteddfod Amgen 2020*.

'Hwiangerdd' – *Bragdy'r Beirdd*, gol. Osian Rhys Jones a Llŷr Gwyn Lewis (Cyhoeddiadau Barddas, 2018).

'Liw Nos...' – *Y Talwrn*, BBC Radio Cymru.

'Martin Luther King' – *Y Talwrn*, BBC Radio Cymru.

'Mwgwd' – *Y Talwrn*, BBC Radio Cymru.

'Paned' – *Y Talwrn*, BBC Radio Cymru.

'Parsel' – *Y Talwrn*, BBC Radio Cymru.

'Pietà' – *Bwrw Golwg*, BBC Radio Cymru.

'Porth' – *Cyfansoddiadau a Beirniadaethau Eisteddfod Genedlaethol Caerdydd 2018*.

'Roe vs Wade 2022' - *Y Talwrn*, BBC Radio Cymru.

'Saer oedd yr Iesu' – *Bragdy'r Beirdd*, gol. Osian Rhys Jones a Llŷr Gwyn Lewis (Cyhoeddiadau Barddas, 2018).

'Tai Mas' - *Y Talwrn*, BBC Radio Cymru.

'Teyrnged' - *Y Talwrn*, BBC Radio Cymru.

'Y Pethau Bychain' – *Y Sioe Frecwast*, BBC Radio Cymru.

'Yr Anrheg Perffaith' – *Golwg*, rhifyn Nadolig 2018.